The original title: DJUREN SOM HJÄLPER OSS
©Text&Illustrations: Lena Sjöberg, 2021
Original publisher: Bokförlaget Opal AB, Stockholm
Korean translation copyright ©2023 by Springsunshine Publishing Co.
This Korean Language Edition is published by arrangement with Bokförlaget Opal AB through Orange Agency.

이 책의 한국어판 저작권은 오렌지 에이전시를 통해 저작권자와 독점 계약한 도서출판 봄볕에 있습니다.
저작권법에 의해 한국 내에서 보호를 받는 저작물이므로 무단 전재와 무단 복제를 금합니다.

**KULTUR**RÅDET
The cost of this translation was supported by a subsidy from the Swedish Arts Council, gratefully acknowledged.
이 책은 스웨덴 예술 위원회의 지원을 받아 제작되었습니다.

# 우리 곁의
# 동물 도우미

레나 회베리 쓰고 그림

김아영 옮김

봄볕

# 들어가며

어느 여름 저녁에 가족과 여행을 마치고 집으로 돌아왔을 때, 현관문 앞 계단에서 하품을 하는 고양이와 마주쳤습니다. 우리는 이 고양이가 길을 잃은 게 분명하고 곧 자리를 뜨겠거니 생각했지요. 하지만 밤이 지나고 이른 아침이 되자 고양이는 창문을 뛰어넘어 집 안으로 들어왔습니다. 내보내도 다시 들어오기를 반복했죠. 그러더니 느긋하게 방을 하나씩 구경하며 냄새를 맡고 스트레칭을 하고는 소파 위에 몸을 둥글게 말고 잠에 빠졌답니다. 다행히도 주인을 찾을 수 있었어요. 주인은 고양이를 그리워했지만, 고양이가 스스로 선택한 우리 집에서 지내게 하면 어떻겠느냐고 제안했어요. 우리로서는 놀라운 일이고 또 행운이었죠. 그날부터 우리 식구가 하나 늘었답니다.

고양이와 함께하면 일상을 더 많이 즐기고 휴식을 더 자주 취하는 법을 배울 수 있어요. 아침마다 침대에서 일어나기 전에 충분히 스트레칭을 하는 법도요. 바로 옆에서 평온한 '골골' 소리가 들려오면 심장 박동이 느려지고, 스트레스가 나에게 별반 도움이 되지 않는다는 사실도 깨닫게 돼요. 수년 동안 함께 지내오면서 고양이와 우리 사이에는 나름의 언어가 생겨났답니다. 서로 함께 사는 법을 익히게 된 거죠.

이 책은 바로 이런 내용을 다루고 있습니다. 동물과 인간의 상호 작용, 인간이 동물에게 배울 수 있는 것 그리고 인간을 돕는 동물에 대한 이야기를 담았습니다.

# 동물

동물은 인간과 인간의 재산을 지켜 줍니다. 동물은 인간을 위해 많은 것을 짊어지고, 끌어 주고, 애씁니다. 동물은 인간의 팔과 다리가 되어 주고, 눈과 귀가 되어 주고, 또 코가 되어 주지요. 동물은 인간이 슬퍼하면 위로해 주고, 불안해하면 안정을 찾게 도와주고, 외로움을 달래 주고, 인간이 건강하게 지내고 있는지 보살피고, 인간에게 함께 놀자고 다가오고, 인간이 사랑받고 있다고 느끼게 해 줍니다. 게다가 동물은 우리가 다른 존재나 우리 스스로에게 관심을 기울이고 배려할 여유를 주기도 해요. 우리는 동물 덕분에 강한 애착과 깊은 유대감을 느낍니다. 곧 들이닥칠 자연재해를 경고하는 동물도 있고, 인간이 어지른 곳을 깨끗이 치우는 동물도 있지요. 주위를 둘러보면 생각보다 많은 곳에서 동물이 인간을 돕고 있답니다.

## 동물이 우리에게 미치는 영향

동물을 쓰다듬으면 우리 몸에서는 유익한 호르몬이 분비됩니다. 심장은 더 천천히 뛰고 혈압도 낮아지지요. 고양이가 가르랑거릴 때의 떨림은 인간이나 고양이에게 생긴 상처가 더 빨리 아물게 도와줍니다. 개를 토닥이면 인간의 면역 체계가 강해지고, 개의 눈을 바라보면 부모와 갓난아이가 마주 볼 때처럼 동물과 인간 사이의 유대감이 두터워집니다. 심지어 여러 연구에 따르면 교실에 동물이 있을 때 학생들이 수학 문제를 더 쉽게 푼다고 해요.

# 역사

인간과 동물은 빙하기 이래 함께 살아왔습니다. 최초의 가축인 개는 인간과 함께 사냥하고, 인간을 보호하고, 추운 밤이면 온기를 나누어 주었답니다. 인간은 개에게 먹이를 주고 털도 빗어 주었지요. 인류가 농사를 짓기 시작한 뒤로는 농장의 쥐를 본 고양이가 모여들어 인간의 곁에 함께했어요. 고대 로마에서는 시각 장애인이 울퉁불퉁한 자갈길을 걸을 때 개가 도와주었다고 해요.

700년대에는 의료 분야에 처음으로 동물이 등장해요. 이때는 장애인을 가두고 격리시키는 게 일반적이었지만, 벨기에의 헤일이라는 도시에서는 많은 장애인이 농장처럼 일거리가 있는 환경에서 더 쾌활하게 지낸다는 사실을 발견했어요. 1700년대 영국 시골에서는 정신 질환을 앓고 있는 환자들이 닭에게 먹이를 주고 개를 쓰다듬을 수 있게 했어요. 뉴욕에서는 재향 군인에게 외상 후 스트레스 장애 치료를 위해 개, 말, 돼지, 가금류를 돌보는 일을 시켰고요.

오늘날에는 반려동물을 집에 들이고 싶어 하는 사람이 많아요. 반대로 동물과 인간이 함께 일하는 공간도 점점 늘어나고 있어요. 동물들은 학교, 도서관, 병원, 양로원, 장례식장, 공항에서 일하고, 교도소와 법원에서도 활약하고 있답니다. 인류 역사상 지금처럼 다양한 동물에게 도움을 받은 적은 없을 거예요.

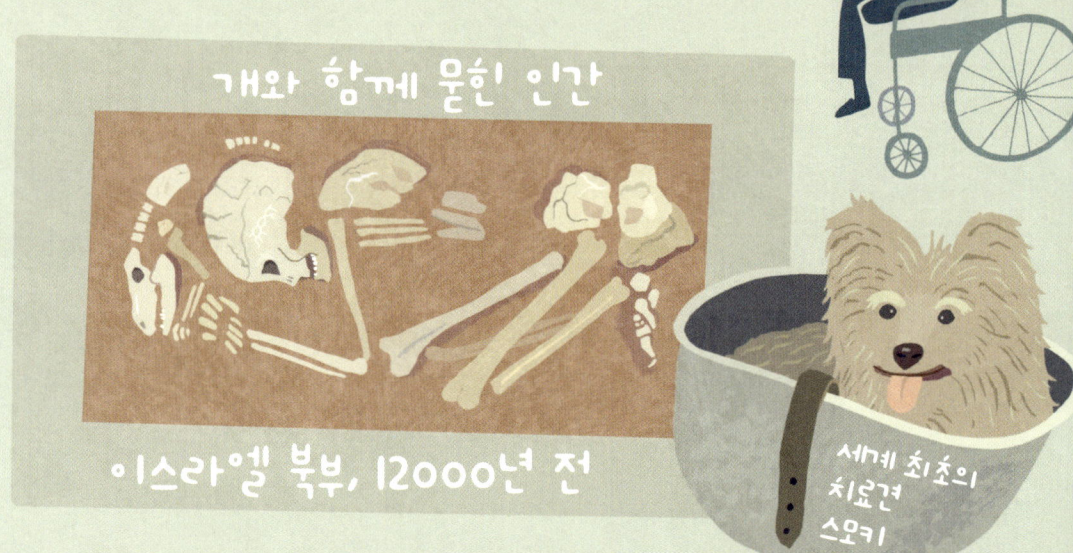

개와 함께 묻힌 인간

이스라엘 북부, 12000년 전

세계 최초의 치료견 스모키

플로렌스 나이팅게일은 열여섯 살 때 병들고 가난한 사람들을 위해 더 나은 세상을 만들겠다고 결심했어요. 질병이 퍼지는 방식을 연구하는 데 평생을 바쳤고, 사람들의 건강한 생활을 위한 새로운 해결책을 찾아냈어요. 나이팅게일은 동물이 환자의 외로움을 덜어 줄 수 있다는 사실을 발견했어요. 나이팅게일은 아테네에서 남자아이들에게 괴롭힘을 당하던 올빼미를 구해 주었어요. 이것이 나이팅게일과 반려 올빼미 아테나의 첫 만남이었답니다.

1820~1910

## 플로렌스 나이팅게일과 아테나

내과 의사이자 정신과 의사인 지그문트 프로이트는 정신 분석이라는 치료법을 창안해 냈어요. 지그문트 프로이트를 찾아온 환자들은 긴 의자에 몸을 누이고 자기 자신에 대해, 어린 시절에 대해, 자기가 겪고 있는 문제에 대해 이야기했답니다. 프로이트는 자기가 기르던 반려견 가운데 한 마리를 응접실에 데려다 놓고는 했지요. 그중에서도 프로이트가 가장 좋아했던 요피는 시계를 보는 법을 배워서 치료를 마칠 시간이 되면 프로이트에게 알려 주었다고 해요.

## 지그문트 프로이트와 요피

1856~1939

심리학자 보리스 레빈슨은 반려견 징글스가 상담실에 있으면 어린 환자들과 더 쉽게 친밀해진다는 사실을 우연히 알아냈어요. 레빈슨은 동물의 도움을 받아 일하는 방법을 연구하기 시작했고, 자신의 경험을 모아 《보조 치료사가 된 개》라는 책을 썼어요. 보리스 레빈슨은 동물 매개 치료 분야에서 선구자가 되었답니다.

1907~1984

## 보리스 레빈슨과 징글스

# 쥐

쥐는 똑똑하고 학습 속도가 빨라요. 게다가 연구에 따르면 쥐는 공감 능력까지 있다고 해요. 쥐는 다른 쥐가 곤경에 빠지면 대부분 도와주려 하거든요. 시궁쥐(Rattus norvegicus domesticus)는 반려인의 불안을 진정시키고 집 안에서 다양한 일을 처리하는 방법을 배울 수 있어요. 벨기에의 어느 단체에서는 감비아주머니쥐에게 지뢰를 해체하는 법을 훈련시키기도 했어요. 또 결핵 감염 여부를 탐지하는 훈련도 시켰지요. 2007년 이래 쥐들이 찾은 지뢰는 10만 개가 넘는답니다. 이 과정에서 다친 쥐는 한 마리도 없었어요. 감비아주머니쥐가 찾아낸 결핵 환자도 1만 7000명이 넘어요. 인간 연구원이 결핵 검사 샘플 25개를 보려면 하루가 걸리지만 쥐는 5분 만에 해낼 수 있답니다. 요즘에는 자연재해로 무너진 잔해에 파묻힌 사람을 발견하는 방법이나, 가스관 누출을 탐지하는 방법을 쥐에게 가르치는 프로젝트를 진행하고 있다고 해요.

# 페럿

2500년 전에는 쥐와 토끼를 사냥할 때 페럿의 도움을 받았어요. 1500년대에는 페럿이 뱀을 쫓는 일을 했답니다. 오늘날 페럿은 많은 사랑을 받는 반려동물로, 특히 심리적으로 어려움을 겪는 사람들에게 도움을 주고 있어요. 페럿은 사교적이고 호기심이 넘치며 겁이 없어요. 잘 훈련받은 페럿은 인간에게 약을 복용할 시간을 알려 주거나 특정한 발작이 시작되려고 할 때 경고해 줄 수 있습니다. 비좁은 틈 사이로 케이블을 빼내야 하는 경우에도 페럿이 활약하지요. 1981년에 영국에서 찰스 왕세자와 다이애나 비가 결혼할 때, 버킹엄 궁전 밑으로 중요한 케이블을 끌어낸 공신도 페럿이에요. 그 덕분에 7억 5000만 명이 텔레비전 중계로 결혼식을 지켜볼 수 있었어요. 이렇게 훌륭한 일을 해낸 보상으로 페럿은 작은 베이컨 한 조각을 받았대요.

# 고양이

사람이 아프거나 죽어 간다는 사실을 이해하는 고양이, 아프거나 슬퍼하는 사람의 곁에 기꺼이 머무르는 고양이 이야기를 흔히 찾아볼 수 있어요. 다른 많은 동물이 그렇듯 훈련을 받은 고양이는 인간이 안정을 찾는 데 도움을 줘요. 고양이는 반려인의 무릎에 발을 올리거나 가슴 위에 부드럽게 앉아서 신호를 보내는 방법을 배울 수 있답니다. 공황에 빠지려는 사람의 얼굴을 쓰다듬어서 주의를 끌어 혈압을 낮추고 발작을 잠재우기도 하지요. 심지어 학습 능력이 뛰어난 고양이는 전화를 사용하는 법까지 익힐 수 있어요.

# 개

세상에는 경찰견과 마약 탐지견부터 시작해 보초를 서고 사냥을 하는 개들이 있습니다. 밀수한 무기나 은닉한 물건의 냄새를 맡는 개가 있는가 하면, 썰매를 끄는 개나 트러플을 찾아내는 개도 있어요. 수색 및 구조견, 폭발물 탐지견, 곰팡이 탐지견도 있지요. 질병을 감지하거나 지뢰를 찾아내는 개도 있고요.

도우미견은 장애인이 일상생활을 더 편히 보낼 수 있게 도와줘요. 도우미견은 휠체어를 밀거나, 문을 여닫거나, 가게에서 물건값을 치르거나, 자동차 열쇠를 찾거나, 반려인에게 필요한 약을 가져오는 일을 할 수 있답니다. 반려인을 육체적으로 도울 뿐만 아니라 주변을 살피며 반려인을 안정시키기도 하지요. 옷을 입거나, 신발 끈을 묶거나, 물건을 줍는 걸 돕기도 하고요. 도우미견은 위험한 상황이 닥치면 컹컹 짖어서 경고해요. 특수한 조끼나 배지를 착용하고 있어 알아보기 쉽고, 보통은 개가 출입할 수 없는 곳에도 드나들 수 있어요.

일하고 있는 개는 자기 임무에 온전히 집중해야 해요. 방해를 받으면 안 됩니다. 그러니 도우미견 조끼를 입은 개를 보더라도 만지면 안 돼요.

스웨덴에는 일하는 개가 16만 마리 넘게 있는 것으로 추정됩니다.

반려견으로는 적합하지 않은
개가 오히려 어떤 업무에서는
완벽한 실력을 뽐내기도 합니다.

# 도우미견

## 청각 장애인 도우미견

청각 장애인 도우미견은 알람 시계 소리, 아이의 울음소리, 전화벨 소리, 노크 소리에 반응해요. 반려인을 소리가 나는 쪽으로 데리고 가서 조치를 취하게 해 주지요. 위험을 느끼면 몸을 납작 깔아서 경고해요. 알레르기 탐지견은 반려인이 알레르기 반응을 보이는 물질이 있으면 미리 알려 줘요. 당뇨 경보견은 환자의 혈당 수치가 낮아지려고 할 때 나는 냄새를 탐지하고, 발작 경보견은 대개 환자가 발작을 일으키기 전에 낌새를 알아차리죠. 청각 장애인 도우미견들은 주변에 어떻게 도움을 요청해야 하는지, 반려인을 진정시키려면 어떻게 해야 하는지 안답니다.

## 시각 장애인 도우미견

시각 장애인 도우미견은 제1차 세계 대전에서 시각을 잃은 군인들을 돕기 위해 길러지기 시작했어요. 스웨덴 최초의 시각 장애인 도우미견인 미스 벳시는 1938년에 훈련을 마쳤어요. 오늘날 스웨덴에는 약 300마리의 시각 장애인 도우미견이 있어요. 대부분 저먼 셰퍼드나 래브라도 리트리버예요. 두 종 모두 시각 장애인의 일상생활을 돕고 있지요. 시각 장애인 도우미견은 보도블록 끝에 앉기, 장애물 피하기 그리고 '오른쪽', '왼쪽', '문을 찾아', '사무실로 가'와 같은 명령을 이해하는 법을 배워요. 또한 반려인의 체격을 파악해서 비좁은 공간이나 높이가 낮은 문이 있으면 경고하도록 배운답니다. 시각 장애인 도우미견은 노란색 조끼를 입고 있어요. 지금은 중요한 일을 하고 있으니 건드리면 안 된다는 뜻입니다. 조끼를 벗겨서 시각 장애인 도우미견에게 쉬는 시간을 알려 줄 수 있어요.

## 정신 질환자 도우미견

정신 질환자 도우미견은 정신 질환이 있는 사람을 도와줘요. 여행에 동행하여 보조하거나 반려인이 안전하게 여러 활동을 할 수 있게 지켜 주지요.

# 경찰견

경찰견은 경찰이나 경호원과 함께 구조 활동에 나서거나 세관이나 군대에서 근무해요. 경찰견은 주로 밀수품, 마약, 폭발물, 곰팡이를 발견하는 일을 맡아요. 스웨덴에서 경찰견은 보통 훈련사와 함께 살아요. 은퇴한 뒤에도 대부분 훈련사와 같이 지내요.

## 구조견

구조견은 지진이나 사고, 폭발로 실종된 사람을 후각을 이용해 찾아내요. 산악 구조견은 눈사태에 파묻힌 사람의 흔적을 추적하고, 수난 구조견은 호수나 바다에서 실종된 사람을 찾는 일을 해요.

## 탐지견

탐지견은 멸종 위기에 처한 식물이나 동물을 발견해 멸종 위기종으로 지정될 수 있게 해요. 탐지견은 아마존의 재규어, 중국에 사는 흑곰 같은 동물의 냄새나 지표면 아래에 사는 동식물, 심지어 수생 생물의 냄새까지 맡을 수 있어요. 인간 눈에는 보이지 않는 작은 생물의 냄새도요. 탐지견은 코뿔소 뿔이나 상아를 비롯한 밀수품을 발견할 수도 있어요. 원래 살던 다른 동식물을 멸종시켜서 생태계를 교란할 위험이 있는 침입종도 찾아내요.

세상에서 가장 강력한 침입종인 아프리카왕달팽이만 전문적으로 찾아내는 개도 있습니다. 이 달팽이는 다 자라면 몸길이가 20센티미터를 넘기도 해요. 식물이라면 대부분 먹을 수 있고, 심지어 인간이 사는 집도 먹어 치울 수 있답니다! 이 달팽이는 회반죽과 석고를 좋아하거든요. 스웨덴에서는 야생 왕달팽이가 발견되지 않았지만, 그 대신 민달팽이와 육지민달팽이(Krynickillus melanocephalus)를 발견하도록 탐지견을 훈련시키고 있어요.

# 특수 탐지견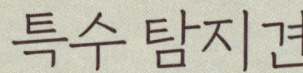

특수 탐지견은 한 가지 또는 여러 가지 냄새를 인지하고 냄새가 나는 장소를 인간에게 알려 주도록 교육받습니다. 빈대 탐지견, 가문비나무좀 탐지견, 현금 탐지견, 마약 탐지견 그리고 여기서 소개할 고고학 탐지견 파벨은 자신의 코가 작업 도구예요. 개는 놀라운 후각으로 질병도 찾아낼 수 있습니다. 암을 발견하는 개가 있는가 하면 코로나19를 비롯하여 다양한 종류의 인플루엔자 냄새를 구분하는 개도 있어요. 이런 개들은 주로 연구소, 병원, 공항에서 근무해요.

특수 탐지견은 소리 내어 짖거나, 가만히 자리에 앉거나, 서거나 누워서 의사 표시를 한답니다.

# 사회 복지견

사회 복지견은 전문 교육을 받은 훈련사와 늘 함께 행동합니다. 훈련사는 사회 복지견이 일을 가장 잘 수행할 수 있게 감독하고, 일이 끝난 뒤에는 쉬면서 회복하게끔 도와줘요. 사회 복지견과 훈련사는 여러 환경에 처한 사람들을 위해 일해요. 예를 들어 치료견은 사고 현장이나 재난 현장, 병원, 교도소, 장례식장에서 일해요. 누군가가 두려움을 느끼거나 어느 집단 내에서 불안감이 확산될 때 이를 알아채는 훈련을 받기도 하지요. 법정에는 증인이 두려움과 외로움을 덜 느끼도록 도와주는 법정 도우미견이 있답니다. 사회 복지견은 교실 분위기를 차분하게 할 뿐만 아니라 등교를 어려워하는 어린이들이 학교에 올 수 있게 돕기도 하지요.

# 파벨과 소피

개를 좋아하는 소피 발룰브는 고고학을 공부하던 도중 동물을 향한 애정과 고고학자라는 직업을 접목시킬 수도 있겠다고 생각했어요. 그래서 양치기견인 파벨을 데려와, 파벨이 5개월이 되었을 무렵부터 벡셰 외곽에 있는 집에서 함께 훈련을 시작했답니다. 소피는 파벨에게 인간의 뼈 사이에 숨겨 둔 목화솜을 찾게 했어요. 훈련을 시작한 지 1년 반이 지났을 때 시험에 나섰는데, 파벨은 1600년 동안이나 묻혀 있던 다리뼈 조각을 순식간에 찾아냈어요!

이제 파벨과 소피는 한 팀이 되어 일하고 있어요. 둘 다 끈기가 있고 일을 좋아하며 서로에 대해 속속들이 알고 있지요. 소피는 파벨의 노랗고 파란 조끼를 꺼내 파벨에게 이제 일할 시간이라고 알려 줘요. 파벨이 발굴 현장에 있으면 유물이 묻힌 곳을 찾기 위해 일일이 땅을 파낼 필요가 없어요. 파벨은 예민한 코로 지표면 아래에서 풍겨 오는 냄새를 맡으면 몸을 낮게 깔아서 그 위치를 알려 줘요. 파벨은 뼛조각을 찾아 땅을 파거나 발견한 뼛조각을 깨물지 않아요. 파벨은 무언가 발견하고 나면 가장 좋아하는 장난감인 녹색 공을 가지고 놀 수 있어요. 여가 시간에 소피는 카누를 타고, 파벨은 그 옆에서 수영하는 것을 즐긴답니다. 그리고 둘 다 팝콘을 아주 좋아한대요.

# 말

말은 험준한 지형에서 이루어지는 구조 활동처럼 인간이 차로는 가기 어려운 현장에 갈 수 있게 도와줘요. 말은 무거운 물건도 잘 끌거나 짊어지지요. 말과 맺는 관계와 친밀감은 많은 사람에게 신체적으로나 심리적으로 든든함을 줘요. 말은 시력이 뛰어나서 훌륭한 보디가드가 되어 주기도 해요.

## 승마 치료

말이 걷는 방식은 여러 측면에서 인간과 비슷해요. 아프거나 다친 사람, 다리가 불편한 사람이 말의 도움을 받아 재활을 할 수도 있답니다. 말이 걸으면 움직일 때 생기는 자극이 승마자에게 전해져요. 이러한 자극은 승마자가 균형을 더 잘 잡도록 도와주고, 걸을 때 어떤 느낌이 드는지 상기시켜 준답니다. 정신 질환이 있는 아동은 말과 함께하면 치료사나 다른 주변 사람들하고도 더 쉽게 협동할 수 있어요.

## 수색 및 구조마

실종된 사람을 수색할 때 말을 활용하기도 해요. 말은 시각, 청각, 후각을 사용해 추적 활동을 벌인답니다. 승마자는 중요한 실마리를 놓치지 않게 말과 같은 곳을 바라보는 법을 익혀요. 안장에 올라탔을 때 이런 실마리를 쉽게 발견하기도 하거든요. 말은 의약품을 운반하거나 지형이 험한 곳에서 부상자를 옮기는 일도 해내요.

말의 시야는 약 350도나 되지만, 모든 각도를 뚜렷이 볼 수 있지는 않아요. 무엇보다 말은 정면을 볼 때 사각지대가 생겨요. 그래서 장애물이 있는지 파악하려면 고개를 위쪽으로 움직여야 해요.

*말의 시야*

## 시각 장애인 도우미마

영국이나 미국에 거주하는 시각 장애인은 도우미견 대신 도우미마를 신청할 수도 있어요. 주로 미니어처 종이 이런 일을 맡아요. 도우미마는 뛰어난 시력과 기억력을 활용해 반려인의 일상생활을 든든하게 뒷받침해 준답니다. 스트레스에 강하고 학습도 빠르죠. 도우미마는 온순하게 길들여지는 훈련을 받아요. 교육을 받는 동안에는 '선더팬츠(thunderpants)'를 착용하는 경우가 많아요. 사고에 대비해 꼬리 아래에 묶어 두는 일종의 주머니랍니다. 스웨덴에서 말은 아직까지 시각 장애인 도우미 동물로 널리 알려져 있지는 않아요.

# 딕비와 헬레나

런던에 사는 쉰네 살 헬레나 허드는 안과 질환을 앓고 있어, 딕비의 도움 없이는 일상생활을 유지하기 어렵다고 해요. 미니어처 종인 딕비는 시끄러운 소리나 사람들이 많이 모인 장소를 무서워하지 않아요. 딕비는 지하철은 물론 술집과 식당에도 동행한답니다. 우편함을 확인하고, 티켓을 구입하고, 도어 오프너를 사용하고, 횡단보도에서 초록불이 켜지기를 기다릴 줄도 알아요. 가끔은 공터에 마련된 자신의 마구간에서 휴식을 취하지만, 헬레나가 살고 있는 집에서 헬레나를 도울 때가 더 많아요. 딕비는 바닥을 쓸고 세탁기에서 빨래를 꺼내요. 딕비는 쓰다듬거나 부드럽게 긁어 주는 손길을 무척 좋아한대요. 헬레나는 딕비가 자기 곁에서 오랫동안 일하기를 바란답니다. 일반적으로 열한 살이 되면 은퇴하는 도우미견과는 달리, 미니어처 종 도우미마는 훨씬 더 오래 일해요. 처음에 딕비는 개를 무서워하는 맨체스터의 시각 장애인 기자를 위해 특별 훈련을 받았어요. 그런데 너무 순식간에 훌쩍 자라 버렸어요. 갑자기 키가 84센티미터까지 자란 딕비는 기자의 책상 아래에 자리를 잡기에는 몸집이 너무 커졌고, 식료품 가게에서는 물건을 자주 떨어뜨렸어요. 이제 딕비는 그 대신 런던 지하철에서 출근하는 사람들과 부대끼며 지내고 있답니다.

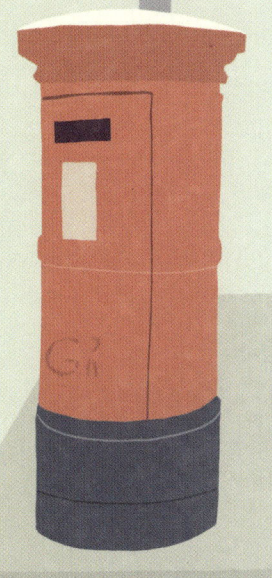

# 돼지

돼지가 도우미 동물이라고요? 못 할 건 또 뭐가 있겠어요. 돼지는 개가 하는 거의 모든 일을 할 수 있답니다. 돼지는 똑똑하고 청결해요. 털이 잘 빠지긴 하지만요. 돼지는 청각 장애인에게 신호를 보내고, 시각 장애인에게 길을 안내해 줄 수 있고, 아이들을 좋아하지요. 특히 베트남 포트벨리 돼지는 훈련시키기 쉬워요. 다부진 성격에 결단력을 보이기도 하며 용감하기까지 하답니다. 개가 공격해 오자 반려인을 지켜 낸 포트벨리 돼지도 있대요. 화재를 알리거나, 병에 걸릴 위험을 예측하거나, 물에 빠진 사람을 구한 돼지도 있고요. 아직까지 돼지를 도우미 동물로 훈련시키는 전문 기관은 없어요. 다시 말해 개인이 직접 돼지를 훈련시켜야 한다는 뜻이죠. 물론 돼지를 구할 수 있다는 전제하에요.

독서 도우미 돼지는 학교나 도서관에서 아이들와 함께 일해요.

세계 최초의 공항 도우미 돼지 리러우는 샌프란시스코 국제공항에서 일해요.

# 룰루와 조 앤

펜실베이니아주에 사는 조 앤과 잭 알츠먼은 다 큰 딸이 기르던 베트남 포트 벨리 돼지 룰루를 돌봐 주다가 룰루에게 푹 빠져 버렸어요. 어찌나 마음에 들었는지 자기들이 기르게 해 달라고 딸에게 부탁했답니다. 어느 날, 잭이 외출한 사이 조가 심근 경색을 일으켰어요. 도와 달라는 외침을 들은 사람은 아무도 없었지요. 하지만 룰루는 심각한 상황이라는 것을 눈치챘나 봐요. 룰루는 집을 둘러싼 울타리와 닫혀 있던 대문을 지나 전속력으로 도로에 달려들었답니다. 차도에 도착한 룰루는 도로 한복판에 드러누웠지요. 많은 차들이 피해서 지나갔지만 이상하게 여긴 어느 운전자는 차를 세우고 룰루를 따라갔어요. 집 안에 들어간 운전자는 바닥에 쓰러진 조를 발견하고 깜짝 놀랐지요. 구급차를 부른 덕분에 조는 목숨을 구할 수 있었어요. 룰루는 전 세계 신문에 실리고, 텔레비전 쇼에 초청을 받기도 했답니다. 훈장도 받았고요. 하지만 다른 동물들처럼 룰루도 이런 떠들썩한 반응에는 별로 관심이 없었대요. 룰루는 돼지가 가장 좋아하는 일상으로 차분히 돌아갔어요. 먹고, 늘어지게 누워 있고, 반려인이 귀 뒤쪽을 긁어 주는 걸 즐기는 삶으로요.

코끼리는 어떤 무거운 것이든 거뜬히 들어 올릴 수 있어요. 나무를 뿌리째 뽑거나, 어마어마하게 무거운 물건을 끌 수 있답니다. 빠르게 달리거나 걸을 수도 있지요. 코끼리는 똑똑한 데다 다른 동물과 인간에게 공감할 줄 아는 동물로도 유명해요.

인간이 야생 동물의 도움을 받을 때면, 인간이 아무리 동물에게 잘해 준다 하더라도 과연 그게 옳은 일인지에 대한 의문이 늘 따라붙습니다. 야생 동물과 가축화한 동물의 차이점은 52쪽에서 더 자세히 살펴보아요.

코끼리가 인간을 도와 온 역사는 4000년이 넘어요. 군대의 일원이 되기도 하고 왕궁에서 길러지기도 했지요. 서커스단과 함께 순회공연을 다닌 적도 있고 동물원에 전시되기도 해요. 오늘날 코끼리는 관광객을 불러 모으거나, 사원에서 빌려 가기도 하고, 숲에서 일하기도 하지요. 코끼리는 여러 어려운 문제를 해결하는 방법을 익힐 줄 알고, 산사태 현장처럼 남들이 가지 못하는 장소에 갈 수도 있답니다. 훈련을 받은 코끼리는 차량을 구조하고 사람들을 안전하게 지켜줄 수 있어요. 코로 무거운 물건을 살살 치워서 사상자를 발견할 수도 있지요. 코끼리는 인간이 고통을 받거나 위험에 빠져 있는지, 자연재해처럼 위험한 상황이 닥쳐올지를 아는 것 같아요.

안타깝게도 많은 코끼리가 야생과는 달리 코끼리에게 적합하지 않은 환경에서 사육되고 있어요. 포획된 아기 코끼리는 어미와 떨어진 채 갇혀 지내면서 가혹한 훈련을 받기도 한답니다. 코끼리는 스트레스를 받으면 은신처가 필요하고, 주변에 사람이 없을 때 가장 기분이 좋다고 해요. 관광 산업에서 일하는 코끼리는 날마다 열두 시간에서 열다섯 시간에 이르는 장시간 노동에 시달리고 있어요. 남아시아에서는 훈련을 받은 코끼리가 평생 같은 조련사와 함께 지내요.

코끼리는 심각한 멸종 위기에 처해 있어요. 주로 상아를 노리는 사람들에게 사냥을 당한답니다. 매일 코끼리 쉰다섯 마리가 밀렵으로 목숨을 잃어요.

특정한 나무를 쓰러뜨리도록 훈련시킨 코끼리를 벌목에 활용하기도 해요. 미얀마에서는 코끼리가 한나절 동안 조련사와 함께 목재를 옮기는 일을 하고, 나머지 시간에는 자연 속에서 다른 코끼리들과 어울리며 자유롭게 지내요.

# 닝 농과 앰버

영국 출신의 여덟 살배기 앰버 오웬은 매일 아침 일찍 태국 푸켓의 어느 호텔 아래에 있는 물가로 달려가 코끼리들에게 인사를 건넸어요. 앰버는 자주 올라타서 놀던 닝 농이라는 코끼리를 특히 좋아했어요. 둘이 만나면 닝 농이 앰버의 어깨를 코로 감싸고, 앰버는 닝 농을 토닥이며 바나나를 주었죠. 어느 날 물가에서 앰버가 닝 농의 등에 올라타 있는데 갑자기 파도가 몰려왔어요. 사람들은 뭍에 내동댕이쳐진 물고기들을 되돌려 보내려고 황급히 모여들었지요. 그런데 닝 농은 무언가 이상하다고 느꼈나 봐요. 조련사가 닝 농을 진정시키려 했지만, 닝 농은 줄을 풀고 앰버를 등에 업은 채로 육지를 향해 내달렸어요. 그러기 무섭게 쓰나미가 덮쳐 왔죠. 거세게 밀려오는 해일은 나무를 삼키고 자동차, 집, 사람 들을 휩쓸었어요. 닝 농은 돌담에 다다를 때까지 멈추지 않고 달렸어요. 닝 농은 돌담 뒤편에 앰버를 내려 주고 파도가 물러갈 때까지 꼼짝하지 않고 기다렸어요. 다행히도 앰버는 가족과 다시 만날 수 있었답니다. 그 뒤로 닝 농이 어떻게 되었는지는 아무도 모른대요.

# 흰머리 카푸친

흰머리카푸친은 총명하고 끈기가 있으며 학습이 빠른 동물입니다. 대부분 꽤나 민첩한 편이랍니다. 다 자라면 키는 대략 35센티미터에 몸무게는 4킬로그램 정도 돼요. 야생 흰머리카푸친은 돌로 땅을 파는 등 간단한 도구를 사용할 줄 알아요. 흰머리카푸친은 나무 꼭대기에서 생활하는데, 중앙아메리카 밀림에서 무리를 지어서 산답니다. 사육장에서 태어나는 개체도 있고요. 원숭이들에게 사람을 위해 일하게끔 훈련을 시켜야 하는지는 논란의 여지가 있어요.

흰머리카푸친은 여덟 살이 되면 도우미 동물 훈련을 받기 시작해요. 어려운 과제를 모두 해내는 방법을 배우고, 조련사는 잘할 때마다 종을 울리고 칭찬을 해 줘요. 상으로 땅콩버터나 후무스도 준답니다. 미국에는 원숭이를 도우미 동물로 훈련하는 기관이 딱 한 군데 있어요. 한 번에 약 100마리의 흰머리카푸친을 훈련하고, 5년에 걸친 훈련이 끝나면 원숭이의 도움이 필요한 사람을 찾아 주지요. 원숭이와 사람을 이어 주는 과정은 오랜 시간이 걸려요. 흰머리카푸친을 입양하려면 원숭이가 새로운 집에 편안하게 적응할 수 있도록 최고의 환경을 제공해 주겠다고 약속해야 하거든요.

흰머리카푸친은 몸무게가 그다지 많이 나가지 않는데도 힘이 무척 세답니다. 꼬리를 사용해 물건을 잡을 수도 있어요. 도우미 동물로 일하는 경우에는 일상생활을 대부분 도울 줄 알아요. 떨어진 물건을 줍거나, 책장을 넘기거나, 컴퓨터 전원을 켜거나, 빨대를 꽂아서 음료를 가져오는 일을 하지요. 문, 서랍, 병뚜껑을 열 수도 있고 장애인의 등을 긁어 주거나 팔다리를 휠체어에 바르게 놓아 주기도 해요. 원숭이는 똑똑하기 때문에 새로운 문제를 마주해도 해결 방법을 스스로 찾는 경우가 많아요.

은퇴한 흰머리카푸친은 원숭이 훈련 학교로 돌아와서 돌봄을 받으며 여생을 보내요. 나이 든 원숭이답게 느긋이 놀거나 쉴 수 있어요. 사육장에서 사는 흰머리카푸친은 쉰다섯 살까지도 산대요.

# 시기와 트래비스

사고로 목뼈가 부러진 트래비스 아믹은, 원숭이를 도우미 동물로 신청할 수 있다는 소식을 듣고는 지금보다 자립적인 생활이 가능하겠다는 희망을 품었어요. 수많은 준비와 오랜 기다림 끝에 꿈이 현실로 이루어졌어요. 트래비스는 2015년에 흰머리카푸친 시기와 처음 만났답니다. 시기는 여러 해 동안 트래비스의 일상생활을 도왔어요. 우편물을 가져다주고, 문을 열어 주고, 양치를 시켜 주고, 조명을 꺼 주었지요. 트래비스도 시기를 아껴 주며 함께 놀았어요. 트래비스가 휠체어를 타고 다닐 때면 시기가 함께했죠. 한번은 휠체어가 어디에 끼어서 트래비스가 빠져나올 수 없었어요. 도움을 청하려고 휴대 전화를 꺼내 들었지만, 하필 뒤로 떨어뜨리는 바람에 휴대 전화에서 배터리가 분리되어 버렸어요. 그때 시기가 재빨리 휴대 전화를 집어 들어서 배터리를 다시 끼운 다음 트래비스에게 건네주었대요. 시기는 그런 훈련을 한 번도 받은 적이 없었는데 말이에요.

'캐리비안의 해적'에 나오는 바르보사 선장은 어깨에 흰머리카푸친을 얹고 다녀요. 영화 속 원숭이의 이름은 잭이지만, 실제로는 치키타라는 암컷 원숭이였답니다.

1994년에 태어난 흰머리카푸친 크리스털은 '닥터 두리틀'과 '박물관이 살아 있다' 같은 영화에 출연했어요.

엔터테인먼트 분야에서 볼 수 있는 원숭이는 대개 흰머리카푸친이에요. 꽤 예전에는 아코디언 연주자들이 대부분 흰머리카푸친을 데리고 다녔어요. 최근에는 옷을 차려입은 흰머리카푸친이 유명한 배우와 함께 괴상한 표정을 짓는 영화가 나오기도 했지요. 묘기를 부리거나 사람을 돕는 훈련을 받은 원숭이들은 야생에서 데려오는 게 아니라 사육사가 기른 개체예요. 동물권에 대한 인식이 나날이 높아지고 인간도 동물 복지에 더욱 신경 쓰고는 있지만, 사육장에서 태어난 원숭이가 숲과 나무, 다른 원숭이들과 멀리 떨어져서 보내는 삶을 진정으로 즐기고 있는지는 아무도 몰라요.

'말괄량이 삐삐'에는 닐슨 씨라는 긴꼬리원숭이가 등장하는데, 1969년에 방영한 텔레비전 시리즈에서는 다람쥐원숭이가 닐슨 씨를 연기했어요. 스톡홀름에 사는 어느 가족에게서 빌린 원숭이였는데, 촬영하는 내내 겁을 먹고 화를 냈다고 해요. 삐삐 역할을 맡은 잉에르 닐손을 물기도 하고 똥오줌을 싸기도 해서 삐삐 의상을 자주 갈아입어야 했어요.

# 남부돼지꼬리 마카크

남부돼지꼬리마카크는 주로 태국 등지에 서식하는 원숭이입니다. 이 원숭이들은 농장에서 알맞게 익은 코코넛을 골라내서 따는 법을 배워요. 몇 년 동안 훈련을 받은 원숭이는 키가 큰 야자수 위를 재빠르게 오르내리는데, 작업자가 매어 둔 밧줄에 항상 묶여 있어요. 원숭이 한 마리가 하루 동안 일을 하면 수컷은 1000킬로그램, 암컷은 600킬로그램이 넘는 코코넛을 딸 수 있어요. 같은 시간 동안 인간이 채집할 수 있는 코코넛은 80킬로그램 정도예요. 어린 원숭이를 가혹하게 훈련시키는 농장이 있는가 하면, 원숭이를 체벌하지 않고 좁은 우리에 가두지도 않으며 어미와 새끼를 떼어 놓지도 않는 등 책임감 있게 동물과 함께 일한다고 주장하는 농장도 있답니다. 하지만 이런 질문이 다시금 떠오릅니다. 남부돼지꼬리마카크가 스스로 결정할 수 있다면, 정말로 원하는 건 무엇일까요?

# 앨버트로스

연구원들은 앨버트로스 여러 마리에게 태양광 레이더 장비를 매달아 대대적인 불법 조업 문제를 해결했어요. 앨버트로스는 먹이를 구하러 나설 때 어선을 따라가기 때문에, 불법 조업을 하는 배를 찾아낼 수 있는 정보를 수집해 주었어요. 앨버트로스가 자연스럽게 정찰을 펼친 덕분에 최첨단 드론조차도 해결하기 어려웠던 일을 성공적으로 해낼 수 있었답니다.

# 매

공항에서 근무하는 매는 커다란 경고음을 내어 공항 활주로에 몰려드는 새 떼를 쫓아내도록 훈련받습니다. 새 떼가 비행기 모터에 날아들기라도 하면 사고가 일어날 수 있거든요.

자연을 배경으로 한 영상을 촬영할 때 매와 참매에게 카메라를 장착해 드론처럼 활용하기도 한답니다.

# 앵무새

새로운 연구 결과에 따르면 회색앵무는 서로를 곧잘 돕는다고 합니다. 회색앵무는 자기에게 돌아오는 것이 없어도 다른 회색앵무가 보상을 받을 수 있게 도와줍니다. 앵무새는 반려인에게 뚜렷한 애착을 보이고, 반려인이 슬퍼하거나 불안해하면 그 사실을 아는 듯해요. 많은 앵무새가 다양한 소리를 따라 할 만큼 똑똑한 덕분에, 특정 단어나 문장으로 반려인을 위로하고 반려인이 안정을 되찾게 돕는 방법을 배울 수 있답니다. 그래서 정신 건강이 취약한 사람들은 반려 앵무새가 곁에 있으면 안정감을 느낀대요. 유기된 앵무새를 보살펴서 외상 후 스트레스 장애를 겪는 재향 군인에게 입양을 보내는 단체도 있어요.

뉴 킴은 현재까지 세계에서 몸값이 가장 비싼 비둘기랍니다. 2020년 11월에 열린 경매에서 160만 유로에 낙찰되었어요. 당시 한국 돈으로 환산하면 약 21억 원이나 되지요.

# 전서구

전서구는 출발한 곳에서부터 자기 둥지까지 시속 90킬로미터로 쉬지 않고 수백 킬로미터를 날아갈 수 있어요. 전서구는 항상 집으로 돌아가는 길을 찾기 때문에 수천 년 동안 우편 배달부 몫을 해 왔어요. 다만 비둘기는 낯선 장소 여러 군데로 쪽지를 배달하는 일은 할 수 없답니다. 비둘기를 이용해 쪽지를 보내려면 비둘기의 발에 쪽지를 빙 둘러서 묶거나, 쪽지를 캡슐에 넣어서 비둘기 몸에 꽁꽁 둘러야 해요. 스포츠 경기 결과부터 극지 탐사대의 진행 상황 같은 온갖 소식이 비둘기 덕분에 무사히 전해졌어요. 1860년에 로이터 통신은 자체적으로 전서구 45만 마리를 보유하고 있었어요. 전서구는 오래전부터 전쟁이 일어났을 때 가장 빠른 의사소통 수단으로 쓰였어요. 제2차 세계 대전에서 영국군이 날린 비둘기는 25만 마리에 이를 것으로 추산됩니다. 전서구를 다이아몬드 밀수에 활용하기도 했지요.

영국의 동물 보호 단체 피디에스에이(PDSA)는 전쟁 공훈을 세운 동물에게 내리는 디킨 훈장을 비둘기 서른두 마리에게 주었습니다.

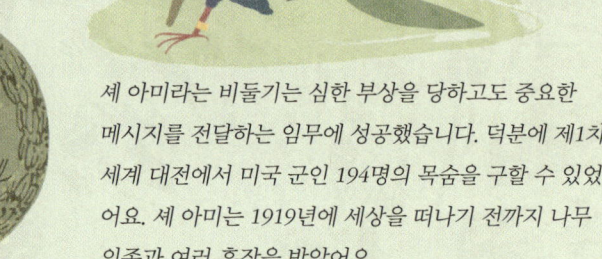

셰 아미라는 비둘기는 심한 부상을 당하고도 중요한 메시지를 전달하는 임무에 성공했습니다. 덕분에 제1차 세계 대전에서 미국 군인 194명의 목숨을 구할 수 있었어요. 셰 아미는 1919년에 세상을 떠나기 전까지 나무 의족과 여러 훈장을 받았어요.

# 스파이 비둘기

1903년, 독일의 약사 율리우스 노이브로너는 자기가 기르던 전서구 가운데 한 마리에게 초소형 카메라를 달았어요. 의약품을 운반하던 비둘기로 사진을 촬영할 수 있는지 궁금했기 때문이죠. 그 결과 율리우스 노이브로너는 비둘기로 사진을 찍을 수 있다는 사실을 알아내 특허를 취득했답니다.

1852~1932 율리우스 노이브로너

- 제1차 세계 대전에서 독일은 비둘기에게 카메라를 달아 적군을 염탐했어요. 비둘기들은 큰 소리와 폭발음이 나도 아무렇지 않아 보였거든요. 덕분에 스파이 비둘기를 향한 관심이 커졌어요.

- 제2차 세계 대전 동안 여러 나라가 비둘기를 이용해 사진을 찍었어요. 개들이 적진 근처로 새장을 옮긴 다음, 새장 문이 열리면 살아남은 비둘기들이 녹화 중인 카메라를 매단 채 집을 향해 날아갔어요. 비둘기들은 곧잘 저격수의 표적이 되어 포화 속을 날아서 돌아가야 했어요.

- 1970년대에는 미국의 비밀 정보 기관인 시아이에이(CIA)에서 스파이 비둘기를 활용했어요. 카메라 한 대 가격은 2000달러나 됐고 내장된 타이머를 사용해 140장의 사진을 촬영할 수 있었어요. 비둘기로 찍은 사진은 스파이 위성으로 찍은 사진보다 훨씬 선명한 경우가 많았대요. 미국은 소련으로 비둘기를 밀수하는 다양한 방법을 시험했어요. 소련으로 들여간 비둘기를 두툼한 외투나 차 바닥에 뚫은 구멍을 통해 날려 보내는 등 기발한 방식을 동원했답니다.

2019년 4월, 노르웨이 북부 해안에서 두 어부가 예기치 못한 방문객을 맞이했습니다. 그들이 탄 선박 가까이에 갑자기 벨루가가 나타난 거죠. 벨루가는 어부들이 몸을 쓰다듬고 긁어 줘도 가만히 있더니 먹이를 얻어먹기까지 했어요. 어부들은 처음에는 그 고래를 러시아에서 보낸 스파이 고래라고 생각했대요. 알고 보니 발디미르라고 불린 그 벨루가는 상트페테르부르크의 어느 시설에서 달아난 치료 보조 고래였어요. 시설에서 달아난 고래가 있는 줄 그때까지 아무도 몰랐던 거죠. 발견 당시 벨루가가 차고 있던 벨트는 어린이용 소형 보트를 끄는 데 쓰인 것으로 보였어요. 사람들은 이제 발디미르가 야생에 적응하여 자유로운 삶을 살기를 바라요. 발디미르는 한동안 여러 항구를 오가며 유실물을 찾아 주었어요. 항구 근처에서 묘기를 부리거나 누군가가 던진 생선을 잡으며 놀기도 했고요.

국제 사회에서 강력한 금지 조치를 내렸음에도 노르웨이, 일본, 아이슬란드에서는 여전히 조직적인 포경이 이루어지고 있습니다.

# 돌고래

돌고래는 누군가 허락 없이 수중 구역에 들어오지 못하게 항구를 지키는 훈련을 받을 수 있습니다. 이라크 전쟁이 벌어지는 동안 돌고래들은 식료품과 구호 물품을 실은 배가 무사히 도착할 수 있게 페르시아만을 지켰어요. 돌고래와 바다사자는 유실물을 찾아내는 실력이 뛰어나고, 수중 지뢰를 안전하게 파괴하는 훈련도 가능해요. 2019년을 기준으로 미국 해군에서 근무하는 돌고래는 70마리, 바다사자는 30마리에 이르러요. 돌고래는 사려 깊은 보조 치료사이기도 하답니다. 특히 여러 어려움을 겪는 아이들에게 가장 적합하다고 해요.

# 바다사자

# 밀라와 양 윈

양 윈은 중국 북동부 하얼빈 시에 위치한 수족관에서 프리 다이빙 시합에 참여하던 당시 스물여섯 살이었어요. 참가자들은 잠수 장비 없이 수족관 바닥에서 오래 버티는 시합을 벌였어요. 우승자에게는 수족관에서 사육사로 근무할 기회가 주어질 예정이었지요. 수족관 사육사는 무척 인기 있는 직업이거든요. 그런데 양 윈이 얼음처럼 차가운 물을 헤치고 아래쪽으로 향하던 도중 다리에서 갑자기 경련이 일어났어요. 잔뜩 겁에 질린 양 윈은 물을 먹고 바닥으로 가라앉았어요. 양 윈이 물 밖으로 나갈 수 없겠다고 직감한 그때, 무언가가 종아리를 잡았어요. 바로 양 윈을 구하러 온 벨루가 밀라였죠. 밀라는 의식을 잃어 가던 양 윈의 다리를 꼭 물고 도움을 청하러 물 위로 헤엄쳐 갔답니다. 밀라의 도움이 없었더라면 양 윈은 목숨이 위태로운 상황이었지요.

# 보초를 서는 동물

시저

## 타조

타조는 단단한 부리와 양발의 날카로운 발톱으로 스스로를 보호합니다. 시속 70킬로미터로 달리는 자동차와 나란히 달릴 수도 있어요. 남아프리카에서는 타조가 양과 소를 지키는 모습을 흔히 볼 수 있답니다. 때로는 도둑을 쫓아낼 때 톡톡히 활약하기도 해요.

## 라마

라마는 야생 동물이 작물을 훔쳐 먹지 않게 농장을 지킵니다. 라마는 주위를 경계하다가 위협적인 대상이 다가오면 찢어질 듯한 울음소리로 경고를 해요. 침입자에게 발길질을 하고 침을 뱉어 공격하기도 하지요. 특히 라마는 새끼를 철통같이 보호한답니다. 어미 라마들은 새끼들을 둘러싸서 지켜요. 라마는 불안해하는 군중을 안심시킬 수도 있어요. 시저라는 라마는 2020년 포틀랜드에서 벌어진 인종 차별 반대 시위에서 유명세를 탔답니다. 시저는 시위대 사이를 돌아다니며 토닥임과 포옹을 받고 사진을 찍기도 했어요. 스웨덴에서는 보초를 서는 라마의 수가 늘어나고 있어요. 무엇보다도 라마는 늑대를 쫓아낼 수 있거든요. 알파카와 과나코도 보초를 세우는 데 활용되고 있지요.

## 거위

거위는 낯선 소리를 기막히게 구분해 냅니다. 누가 다가오면 목청을 높여 울고요. 거위는 창고나 경찰서 같은 곳에서 경비를 맡아 온 역사가 있습니다. 최근 브라질의 어느 교도소에서는 탈옥자가 생겼을 때 경보음을 울려 줄 거위를 들였다고 해요.

## 코브라

1991년, 스리랑카의 수도 콜롬보에서 개최된 보석 박람회에서는 세계에서 가장 크고 비싼 사파이어를 지키기 위해 독니를 가진 코브라를 경비로 세웠어요.

## 데스마레후티아

스톡홀름에 있는 스칸센 아쿠아리움의 달빛 홀은 2000년까지 방문객을 받았답니다. 이곳에서는 어둠 속을 돌아다니는 야행성 동물들을 볼 수 있었어요. 그러나 모든 방문객이 안경원숭이와 올빼미원숭이, 박쥐를 보러 온 건 아니었어요. 어떤 소매치기는 달빛 홀이 물건을 훔치기에 딱 좋다는 사실을 깨달았죠. 얼마 지나지 않아 방문객들이 지갑을 도둑맞는 일이 벌어지기 시작했어요. 경찰이 범인을 찾아 나섰지만 별 소득이 없었죠. 그러자 어느 직원이 함정을 생각해 냈어요. 도와줄 짝꿍으로는 휴고를 택했어요. 휴고는 뾰족한 이빨을 지닌 호주 출신 데스마레후티아예요. 사육사는 가방 속에 휴고를 숨긴 채 전시장을 돌아다녔어요. 그렇게 사흘이 지났을 무렵, 누가 가방 안으로 손을 집어넣었어요! 비명을 지르며 출구로 달려가는 모습과 바닥에 떨어진 핏방울을 끝으로 소매치기는 자취를 감추었어요. 그날 이후로 달빛 홀에서 지갑을 도난당하는 일은 없어졌답니다.

리본이악어는 몸길이가 최장 5미터나 돼요. 원래는 깊은 바닷속에 살지만, 지진이 일어나기 직전에는 수면으로 올라와요.

# 경고를 보내는 동물

어떤 동물들은 자연재해의 징조를 인간보다 훨씬 일찍 포착해요. 중국에서는 19킬로미터 떨어진 곳에서 지진이 일어나기 며칠 전부터 뱀들이 경고를 한다고 합니다. 일본에서는 특정한 나방이 갑작스럽게 움직임을 바꾼다면 지진이 일어날 전조라고 해석하고요. 이러한 예시는 많이 있습니다. 리본이악어를 비롯한 여러 심해어들은 해수면으로 올라와요. 벌은 벌집을 내버린 채 나오고 개는 큰 소리로 짖고 낑낑대며 고양이는 몸을 숨깁니다. 쥐는 굴을 떠나고 새장 속의 새는 쉴 새 없이 파닥거리지요. 기원전 373년에는 그리스 도시 헬리케에서 지진이 발생하기 며칠 전에 쥐와 뱀, 족제비가 도망쳤다고도 합니다. 동물이 재해를 예견했다는 이야기는 아주 많아요. 어쩌면 동물들은 땅의 진동이나 땅속 깊은 곳에서 뿜어져 나오는 가스를 느꼈는지도 몰라요. 인간은 듣지 못하는 초저주파 진동이나 대기 중의 미약한 전기적 변화를 느꼈을 수도 있고요. 동물들이 어떻게 재해 징조를 감지하는지는 아직 명확히 밝혀내지 못했어요.

# 도움을 주는 동물

## 병원에서 만나는 동물

우리는 다른 누군가를 바라보는 동안 나와 내가 겪고 있는 문제를 잠시 잊어버리곤 해요. 아파서 오랫동안 병원에 입원해야 할 때 동물이 곁에 있다면 잠시나마 생각을 쉬어 가고 외로움도 덜 수 있어요.

## 학교에서 만나는 동물

교실에 동물이 있으면 분위기가 차분해지고 다투는 일도 줄어든다는 연구 결과가 있습니다. 쉬는 시간에 야외 활동을 즐기지 않는 아이들도 강아지와 함께 밖에 나가기도 하고요. 동물과 교감하며 어울려 노는 행위는 사람을 저절로 움직이게 만듭니다. 물론 학교에 동물을 들이기 전에 알레르기가 있는 사람은 없는지 확인해야겠지요. 아이들은 토끼, 기니피그, 물고기가 든 어항 등에 관심을 기울이고 생명을 책임지면서 공감 능력과 자존감을 키울 수 있습니다. 요즘에는 독서를 도와주는 개, 고양이, 돼지를 찾아볼 수 있어요. 많은 아이들이 동물에게 큰 소리로 책을 읽어 주면 마음이 편안해진대요.

## 노인을 돕는 동물

고양이, 개, 토끼, 새가 있는 양로원에서 지내는 노인들은 전반적으로 기분이 더 좋다고 합니다. 소중히 키우던 반려동물이 떠올라서 그럴 수도 있고, 더 많은 생명체와 움직임으로 가득했던 자기 집처럼 느껴져서 그럴 수도 있어요. 동물과 함께 지내는 노인들은 책임감을 느끼고 근육을 꾸준히 움직일 수 있답니다. 이를테면 고양이의 밥을 챙기고 털을 빗겨 주는 것처럼요.

## 정서적 지지를 주는 동물

정신 질환을 앓는 미국인들은 1970년대부터 이른바 정서적 지지를 주는 동물을 입양할 수 있었어요. 이런 동물들은 특별한 일을 수행하는 훈련을 받지는 않았지만, 인간에게 평온함과 안정감을 안겨 줍니다. 이런 동물은 심리학자의 허락을 받으면 반려인과 함께 비행기를 탈 수도 있어요. 다만 최근에는 미국 항공사가 운항하는 비행기에 공작, 고슴도치, 칠면조, 뱀, 돼지, 미니어처 말 같은 몇몇 동물은 탑승할 수 없어요.

# 지구를 돕는 동물

## 벌

꿀벌과 야생벌은 꽃가루를 퍼뜨려 식물이 열매와 씨앗을 맺을 수 있게 도와줍니다. 꽃 위에 내려앉은 벌은 주둥이로 꿀을 빨아들여요. 이때 벌의 다리에 들러붙은 꽃가루가 벌과 함께 다음 식물로 옮아가요. 그리고 그다음, 또 그다음 식물로요.

꿀벌은 몸집이 가장 작은 가축이에요. 양봉가는 벌과 벌집을 돌보며 꿀을 채집해요. 꿀벌은 야생벌보다 적게 일하고, 궂은 날이면 벌집에 머물러요. 꿀벌은 꿀과 꽃가루를 찾아 몇 킬로미터든 날아갈 수 있어요.

스웨덴에는 270종의 야생벌이 살아요. 그중에는 단 한 종류의 식물에만 특화된 벌도 있어요. 야생벌은 장거리 비행을 좋아하지 않는 대신, 한 꽃에 더 오래 머무르며 이동해요. 야생벌은 땅속이나 땅 위에 난 구멍에 땅굴을 짓고 살아요. 혼자 사는 경우가 대부분이어서 외톨이벌이라고도 불러요. 벌침을 쏘는 일은 아주 드물지요.

야생벌 가운데 하나인 호박벌은 이슬비가 내리든 바람이 불든 날씨가 쌀쌀하든 개의치 않고 밖을 돌아다닙니다. 호박벌 한 마리는 하루에 일곱 차례 비행을 하고, 한 번 비행할 때마다 꽃을 400송이가량 수분해요. 호박벌들은 크고 작은 집단을 형성해서 함께 지내요. 낡은 들쥐 굴이나 쥐구멍 또는 뻥 뚫린 나무 구멍에 모여 살지요.

벌집 하나에는 벌 7만 마리가 들어갈 수 있어요.

딱정벌레, 나비, 파리도 수분을 도와줘요. 모두가 서로를 필요로 하며 보완하는 존재랍니다.

벌은 맛과 색에 민감하며 소리와 춤으로 의사소통을 해요. 벌의 후각은 개의 후각과 비슷한 수준이랍니다. 벌은 다양한 화학물질을 인식할 수 있고 감지한 물질의 종류에 따라 특정한 소리를 내지요. 게다가 벌은 새로운 것을 상당히 빠르게 학습합니다. 독극물을 추적하거나 폭발물을 발견하는 데 벌을 활용할 방법을 찾는 프로젝트도 진행 중이랍니다.

## 위기에 빠진 벌

인간과 동물이 먹는 모든 것 가운데 3분의 1은 벌의 수분이 꼭 필요해요. 그러나 안타깝게도 꿀벌과 야생벌 모두 생존이 위태로운 상황이지요. 벌은 살충제 때문에 약해지고 병들거나 죽기도 해요. 목초지를 밭으로 만들고 잔디를 짧게 깎는 탓에 꿀을 찾기가 점점 어려워지고 있고요. 죽은 나무를 없애 버려서 벌이 살 곳도 점점 사라지고 있지요. 꿀벌을 치는 사람이 너무 많아지면 야생벌의 먹이가 부족해질 수도 있어요. 꿀벌 호텔처럼 벌이 살 곳을 마련해 주고 풀이 무성히 자라게 내버려 두고 벌이 좋아하는 식물을 심어 야생벌을 도울 수 있어요.

꿀벌 호텔

중국 쓰촨성은 벌이 거의 다 사라져서 사람이 긴 붓으로 직접 수분을 해야 해요. 사과꽃을 수분하려면 벌 한 무리로도 충분했지만, 이제는 적어도 사람 열 명이 필요해요.

## 지렁이

지렁이는 어둠 속에서 조용히 큰일을 해냅니다. 땅속에 공기를 공급하고 물이 빠질 수 있게 하지요. 지렁이의 배설물은 땅에 영양분을 공급해요.

## 톡토기

벌이 꽃의 수분을 돕는 것처럼 톡토기는 이끼가 자랄 수 있게 도와줍니다. 톡토기는 자연에서 죽은 물질을 분해하는 일도 해요. 우리가 봄 하면 떠올리는 바로 그 흙냄새의 정체지요.

## 일각고래

연구원들은 극지방 바다에서 기온 변화를 측정할 때 일각고래의 도움을 받아요. 연구원들이 일각고래의 몸에 송신기와 온도계를 매달면, 일각고래는 그대로 얼음처럼 차갑고 깊은 물속에 들어가요. 일각고래 덕분에 그린란드 연해의 온도가 예상보다 훨씬 따뜻해졌다는 사실을 밝혀낼 수 있었답니다.

## 진주담치

발트해에서 자라는 진주담치는 물에 떠다니는 입자를 정화해요. 그러면 햇빛이 깊은 곳까지 도달해서 거머리말이 자라요. 치어와 작은 해양 생물은 거머리말이 우거진 곳에 몸을 숨겨요. 거머리말은 부영양화를 방지하고, 탄소를 포집하고, 해변에 강한 파도가 밀려오는 것을 막아 주어요.

## 굴

굴 한 마리는 한 시간 동안 무려 8리터나 되는 물을 정화할 수 있어요. 뉴욕 외곽에는 굴 2000만 마리가 살아요. 굴이 부서진 변기 조각 위에 살며 물을 정화하고, 폭풍이 칠 때 방파제 역할을 하기를 기대하고 있어요.

다양한 해충을 잡아먹는 박쥐는 미래에 여러 살충제를 대체할지도 몰라요.

박쥐

거위

포도밭에서 거위를 키우면 달팽이를 잡느라 살충제를 쓸 필요가 없어요.

물개

바다코끼리

## 물개, 바다사자 그리고 바다코끼리

측정기를 매달고 잠수하는 물개와 바다사자, 바다코끼리도 인간에게 기후 위기와 해양 오염을 경고해요. 측정한 수압, 수온, 염도는 위성으로 전송되고, 연구원들이 이 정보를 내려받아 해석해요. 미국에서는 연어 개체 수를 측정할 때 바다코끼리를 활용하기도 해요.

# 인간이 더럽힌 지구를 청소하는 동물

## 바우어새

바우어새는 호주와 뉴기니에 살아요. 수컷은 암컷을 유혹하려고 둥지를 화려하게 꾸미지요. 수컷은 오랜 시간을 들여 병뚜껑, 알록달록한 플라스틱 조각, 유리 조각을 모은답니다. 암컷이 찾아올 확률을 높이기 위해 시각적으로 화려하게 연출할 줄도 알아요.

## 참새

해마다 지구상에 버려지는 담배꽁초는 45억 개나 돼요. 자연에 몹시 큰 피해를 입히고 있지요. 참새들은 버려진 담배꽁초를 가져가서 둥지를 만드는 데 쓰기도 해요. 역설적이게도 담배 필터에 들어 있는 유독 물질이 진드기 같은 해충을 쫓아 아기 참새를 지켜 준대요.

## 벌집나방

벌집나방 애벌레의 배 속에는 플라스틱을 먹어도 탈이 나지 않게 보호해 주는 박테리아가 살아요. 최근에는 애벌레가 플라스틱만 먹고도 살 수 있는지를 연구하고 있대요. 만약 그렇다면 우리가 버린 쓰레기를 처리하기 위해 애벌레를 잔뜩 키우게 될지도 몰라요.

## 가위벌

아르헨티나 연구자들은 가위벌이 집을 지을 때 플라스틱을 사용한다는 사실을 알아냈어요. 가위벌은 반원 모양으로 자른 나뭇잎을 붙여서 집을 짓는데, 그와 똑같이 잘라 낸 비닐봉지와 여러 플라스틱 조각을 발견했대요. 연구자들은 플라스틱이 위험한 기생충을 막아 준다고 추측하고 있어요. 하지만 가위벌의 집이 아무리 촘촘해져도 알이나 유충이 벌집 안에서 죽을 위험은 여전히 남아 있지요.

## 코코넛문어

코코넛문어는 인간이 바다에 버리거나 떨어뜨린 물건을 처리해요. 병이나 오래된 음료수 캔을 사용해 은신처를 만들지요. 하지만 이 문어가 가장 좋아하는 것은 뭐니 뭐니 해도 코코넛 껍질이에요. 반으로 쪼개진 코코넛 껍질 한 쌍을 운 좋게 발견하면, 껍질끼리 이어 붙여서 그 안에 몸을 숨긴답니다. 코코넛 껍질로 위장한 채 바다 밑바닥을 돌아다니기도 하고요.

# 탄소를 줄여 주는 동물

인류 역사상 인간이 가장 적극적으로 사냥하고 죽인 동물들이야말로 인간에게 가장 필요한 동물일지도 모릅니다. 예를 들면 늑대, 고래, 해달, 코끼리가 있어요. 특히 이 동물들은 기후에 상당한 영향을 끼쳐요. 자연의 균형을 유지하고 자동차와 공장에서 내뿜는 이산화 탄소가 온실가스로 변하는 것을 막는 데 크게 기여하거든요.

코끼리는 똥을 싸서 수많은 씨앗을 퍼뜨려요. 이렇게 땅에 떨어진 씨앗은 뿌리를 내려 나무가 되지요. 코끼리의 위장을 거쳐 나온 씨앗은 인간이 뿌리거나 바람이 퍼뜨린 씨앗보다 훨씬 튼튼한 나무로 자라요. 코끼리의 수가 줄어들면 숲의 면적도 줄어들고, 대기 중에는 더 많은 이산화 탄소가 떠다닐 거예요.

미국 북서쪽의 옐로스톤 국립 공원에 늑대를 방사하자 사슴이 훼손한 관목 수가 줄었다고 해요. 덕분에 나무가 무사히 자라서 더 많은 벌레와 새가 숲에 찾아왔답니다. 비버가 돌아와서 지은 댐도 물새와 물고기, 개구리로 가득 찼고요. 나무뿌리는 땅을 더욱 단단히 다져서 토사가 유실되는 일을 방지했지요. 숲은 바람과 이산화 탄소를 막고, 온실 효과를 늦추기까지 했어요.

이처럼 자연에서 일어나는 연쇄 효과를 영양 단계 연쇄 반응(trophic cascade)이라고 해요. 야생화(野生化)라는 개념에 대한 논의도 생겨나고 있어요. 자연을 있는 그대로 내버려 두면 알아서 빠르게 회복할 여지가 있다는 거죠.

해달은 성게를 먹고, 성게는 다시마를 먹어요. 다시마는 물속에서 빠르게 자라서 숲을 이루어요. 해달이 사라진 곳에서는 성게가 많아져서 다시마를 모두 먹어 치워요. 반대로 해달이 많아서 성게 수가 줄어들면 다시마 숲이 무성해지고, 여러 작은 해양 생물의 은신처와 집이 생겨납니다. 어떤 해양 생물은 몸집이 더 큰 동물의 먹잇감이 되기도 하는데, 그러면 몸집이 큰 해양 생물이 자라서 개체 수가 늘어나요. 육지에서 자라는 나무와 마찬가지로 다시마 숲도 많은 양의 이산화 탄소를 포집할 수 있어요. 여러 연구에 따르면 북미 연안에 사는 해달은 석탄 발전소 2기 또는 자동차 300~600만 대가 1년 동안 방출하는 이산화 탄소보다 더 많은 양을 저장하는 데 도움을 준다고 해요.

남극 대륙 바깥에는 수많은 크릴새우가 무리를 지어 살아요. 크릴새우는 해수면에 떠다니는 오염 물질을 없애 줘요. 크릴새우가 가장 좋아하는 먹잇감인 식물성 플랑크톤에는 이산화 탄소가 포집되어 있어요. 크릴새우는 배를 채우면 바닥으로 가라앉는데, 이때 똥으로 나와서 해저면에 깔린 이산화 탄소는 환경에 해를 끼치지 않는답니다. 크릴새우가 한 해 동안 처리하는 이산화 탄소는 자동차 3500만 대에서 배출되는 양에 맞먹는대요.

고래는 배설을 할 때 해수면으로 올라옵니다. 해수면에 둥둥 떠다니는 고래 똥은 이산화 탄소를 포집하는 해조류와 플랑크톤에게 영양분을 공급해 주지요. 고래는 식물성 플랑크톤과 크릴새우를 모두 먹기 때문에 몸 안에 어마어마한 양의 이산화 탄소가 쌓여요. 대왕고래 한 마리가 죽으면 이산화 탄소 33톤도 함께 해저면으로 가라앉는답니다. 이렇게 많은 이산화 탄소를 지상에 모아 두려면 나무가 1000그루는 필요해요.

고래 똥을 살펴보면 고래의 기분을 알 수 있어요. 연구 재료로 쓸 고래 똥을 찾기 위해 특수 훈련을 받은 개가 배에 함께 올라탑니다. 이 개들은 1킬로미터 떨어진 곳에 있는 고래 똥의 냄새를 맡을 수 있어 연구자들을 올바른 방향으로 안내해요.

# 인간의 마음대로

인간은 동물의 끈기, 힘, 적응력을 마음대로 이용해 왔어요. 동물을 제대로 보살피지 않고 인간의 편의와 돈, 권력을 챙기는 데 몰두했답니다. 인간이 세운 발명의 왕국에서 많은 동물이 고통을 겪었어요. 동물에게도 좋은 처우를 받을 권리가 있다는 사실을 이제는 전보다 잘 이해하고 있지만, 우리는 여전히 동물이 인간을 위해 존재하는 것처럼 행동해요.

미사일 프로토타입, 프로젝트 피전

폭탄을 매단 박쥐를 1000마리 넘게 실은 캡슐을 땅 위로 떨어뜨리려 했어요.

## 전쟁에 활용된 동물

동물들은 전쟁이 벌어질 때마다 끔찍한 일을 겪었어요. 제1차 세계 대전 동안 전쟁통에서 목숨을 잃은 말은 800만 마리가 넘어요. 개들은 낙하산을 메고 내려가 적군의 탱크 아래에 지뢰를 파묻어야 했어요. 제2차 세계 대전 동안 미군은 박쥐에게 매달 수 있는 폭탄을 개발하려 했지만 그다지 좋은 결과를 얻지는 못했습니다. 몇몇 박쥐가 몸에 매단 폭발물을 실수로 터뜨리는 바람에 병영 하나, 관제탑 하나 그리고 최소 한 대의 차량이 불탔지요. 비슷한 시기에 비둘기로 미군 미사일을 조종하는 훈련이 이루어지기도 했습니다. 미사일 탄두에 비둘기 세 마리를 넣고, 비둘기가 화면 위의 움직이는 표적을 쪼면 방향이 바뀌게 하는 훈련이었지요. 폭탄을 매단 박쥐와 비둘기 조종사를 길러내는 작전은 실행 전에 중단되었답니다.

# 스파이 교육을 받은 동물

1960년대에 시아이에이는 고양이를 살아 있는 도청기로 활용하려고 했어요. 발신기와 마이크, 안테나를 꼬리에 매달아서 말이지요. 그러나 첫 번째 스파이 고양이가 교통사고를 당하면서 이 계획은 중단되었어요. 까마귀에게는 창틀에 도청기를 내려놓고, 초소형 카메라로 사진을 찍고, 서류 상자를 열어 기밀문서를 가져오게 하는 훈련을 시켰어요. 시아이에이의 스파이 교육 시설에는 심지어 콘도르, 올빼미, 카카투도 있었어요. 그런데 훈련받은 새들은 다른 새들에게 공격당해 임무를 수행하기도 전에 죽기 일쑤였대요. 수중 임무에는 돌고래를 활용하고, 러시아의 화학 무기를 탐지하는 일에는 철새를 쓰기도 했고요. 스톡홀름 군도에서는 1940년대에 스웨덴 군대가 물개, 비둘기, 수리부엉이, 흰꼬리수리를 몇 년 동안 훈련시켰다고 합니다.

# 우주로 떠난 동물

러시아 출신 개 라이카는 1957년에 우주 궤도를 향해 쏘아 올려졌습니다. 스푸트니크 2호에 홀로 탑승한 라이카는 발사 후 불과 몇 시간 만에 죽었다고 해요. 반면 우주선은 궤도에 진입해 지구 주위를 거듭 공전했지요. 2년 뒤, 비슷한 여정에 오른 개 벨카와 스트렐카는 무사히 생환했답니다. 개구리, 거북이, 고양이, 토끼, 기니피그를 비롯한 동물 40여 종이 다양한 우주 프로젝트에 참여했어요. 러시아, 미국, 프랑스에서는 1997년까지 우주 탐사에 원숭이를 활용했지요. 2013년에 이란은 지구에서 약 19킬로미터 떨어진 우주까지 원숭이 파르감을 보냈어요. 파르감은 무사히 지구로 복귀했어요.

# 인간을 위하여

개가 인간을 위해 일하는 것은 원숭이가 인간을 위해 일하는 것보다 덜 심각한 문제라고 느낄지도 몰라요. 왜 그럴까요? 개는 인간이 알고 있는 한 늑대처럼 야생에서 살았던 적이 없는 반면, 원숭이나 그 엄마, 할머니, 증조할머니 원숭이들은 정글에서 살던 본성을 억누른 채 사육장에 갇혀 평생을 살아야 하기 때문일 수도 있어요. 원숭이가 무엇을 기억하고 그리워하는지는 알 수 없어도, 반대로 가축화된 동물이 자기가 기원한 환경을 그리워하지 않는다는 사실만큼은 꽤나 확신할 수 있습니다. 어느 동물 종이 가축화되었다는 것은 그 종을 인간의 욕구에 맞게 적응시켰다는 뜻입니다. 가축화는 아주 오랜 시간에 걸쳐 천천히 이루어지며, 가축화된 종은 다른 종보다 쉽게 훈련시킬 수 있습니다. 이를테면 고양이보다 강아지에게 앉는 법을 가르치는 게 더 쉽지요. 인간은 말, 돼지, 사슴, 암탉, 페럿, 꿀벌 등 아주 많은 동물을 가축화했어요.

코끼리는 길들일 수는 있지만 가축화되지는 않았답니다.

# 동물 실험

인간이 건강하게 지내려면 동물이 고통을 겪어야만 하는 걸까요? 동물 보호법에 따르면 동물은 불필요한 고통으로부터 보호를 받아야 합니다. 그러나 동물 실험에 쓰이는 동물들에게는 적용되지 않는 법이죠. 대신 별도로 마련된 특별 위원회에서 동물 실험이 필수적인지 판단합니다. 동물 실험에서 유용한 결과를 도출하지 못한 채 동물이 고통을 받고 있다면 동물 실험을 멈출 수 있습니다. 하지만 유용한지 아닌지를 어떻게 측정할 수 있을까요? 또, 고통은 어떻게 측정할 수 있을까요? 동물 실험 없이도 치료제를 연구해서 출시할 수 있을까요? 현재 미국의 여러 유수 대학에서는 동물 실험 없이 약물을 연구하고 있습니다. 첨단 컴퓨터 프로그램을 사용하거나 인체 세포를 배양하는 방법 등이 대신 쓰이고 있지요. 동물을 활용하지 않는 실험 방식은 점점 더 많은 곳에 도입될 것으로 보이고, 때로는 더 좋은 결과를 얻기도 해요. 쥐에게 실험했을 때 항상 인체에서와 같은 반응이 나타나지는 않았거든요.

# 미래

## 동물을 모방하는 인간

연구원들은 실험동물에게 소량의 의약품을 시험하는 대신, 야생 동물이 자연을 어떻게 사용하는지를 면밀히 살펴보기 시작했어요. 이런 방법을 통해 새로운 치료제로 쓸 수 있는 물질을 발견하고 있답니다. 이를테면 아픈 침팬지는 자기가 나으려면 무엇이 필요한지 알고, 약효가 있는 식물의 잎을 먹어요. 이 식물에서 추출한 물질은 당뇨병, 말라리아, 암을 치료하는 데 사용할 수 있어요. 자연과 동물의 자체적인 해법을 따라 해서 영감을 얻는 방식을 바이오미미크리(biomimicry)라고 해요. '생물체를 모방한다'는 뜻이지요. 바이오미미크리는 다양한 산업에 활용되고 있어요. 혹등고래의 지느러미는 풍력 발전기의 볼록한 날개를 만드는 데 영감을 주었답니다. 이러한 모양은 바람에 대한 저항을 줄여 전력을 훨씬 효과적으로 생산할 수 있어요. 스웨덴 등지에 서식하는 폭탄먼지벌레는 겁을 먹으면 등 뒤에서 뜨거운 증기를 내뿜어요. 크기가 6밀리미터밖에 안 되는 이 벌레 덕분에 친환경 스프레이 병과 디젤 자동차의 정화 시스템을 개발할 수 있었답니다.

## 팬데믹

야생 동물이 어쩔 수 없이 인간이나 가축과 가까이 살게 되자 질병이 퍼질 위험도 커졌어요. 전 세계적으로 더 많은 팬데믹이 발생하는 것을 막으려면 나무를 심고 숲을 조성하는 동시에 경작지는 점점 줄여야 해요. 그래야 야생 동물이 인간과 멀리 떨어진 환경에서 지낼 수 있거든요. 야생 동물 매매는 근절되어야 합니다. 동물을 비좁은 공간에 실어 운반하는 것도 멈춰야 해요. 공장 같은 우리에서 평생 스트레스를 받으며 살다가 인간에게 잡아먹히는 동물도 없어야겠지요. 동물과 자연은 더욱 지속 가능하게끔 다루어야 합니다. 육류 소비는 반드시 줄여야 해요. 시급한 문제죠!

# 동물이 사라진다면

지금까지 인간으로 인해 멸종된 동물은 13만 종에 이릅니다. 인간은 배기가스를 내뿜고, 열대 우림을 파괴하고, 작물에 독성 물질을 뿌려 대고, 바다에 쓰레기를 내던졌어요. 무분별하게 조업을 한 것은 물론 뿔, 가죽, 지느러미를 얻기 위해 야생 동물을 죽였답니다. 우리가 앞으로도 이대로 행동한다면 2070년에는 지구상의 모든 대형 척추동물 가운데 절반이 사라질 거예요.

세상에 수많은 동식물 종이 존재하는 것을 생물학적 다양성이라고 해요. 모든 종은 지구의 생명체가 풍요롭고 지속 가능한 삶을 이어갈 수 있게 협동하고 기여한답니다. 생물학적 다양성이 줄어드는 현상은 가장 심각한 환경 문제 가운데 하나예요.

## 멸종

1. 여행비둘기(† 1914)
2. 돼지발반디쿠트(† 1901)
3. 큰바다쇠오리(† 1844)
4. 주걱철갑상어(† 2007)
5. 베르데왕도마뱀(† 1940)
6. 검은코뿔소(† 2011)
7. 태즈메이니아주머니늑대(† 1936)
8. 세인트헬레나집게벌레(† 1967)
9. 양쯔강돌고래(† 2006)
10. 황금두꺼비(† 2044)
11. 블랙핀시스코(† 2006)
12. 핀타섬땅거북(† 2012)
13. 웃는올빼미(† 1960)
14. 툴라키왈라비(† 1939)
15. 왕뱀사촌(† 1994)

55

# 동물과 인간

과거에는 동물을 혹독하게 사육했지만, 오늘날에는 체벌 대신 보상을 주며 훨씬 부드럽게 다루고 있어요. 앞으로는 인간과 동물이 맺는 관계가 동물에게 더 좋은 쪽으로 바뀌어 가지 않을까요? 예를 들자면 기존의 마장 마술보다 말과 인간이 더욱 자유롭게 상호 작용 하는 마장 마술에 대한 관심이 점점 높아지고 있어요. 사람들은 자기와 함께 일하는 동물이 그 일을 좋아한다고 말하고요. 하지만 말, 개, 원숭이를 비롯한 동물들은 자신이 원하는 것을 직접 말할 수 없답니다. 인간은 동물을 정말로 잘 이해하기 위해 심혈을 기울여야 해요.

많은 사람이 도시에서 살고 있는 오늘날, 반려동물은 인간을 자연이나 좀 더 야생적인 생명체와 이어 줄 수 있어요. 인간은 모든 감각을 활용해 주변에서 벌어지는 일을 파악하고 거기에 몰입하는 법을 배울 수 있답니다. 스트레스는 덜 받고 조금 더 많이 놀아도 된다는 사실을 상기할 수도 있지요. 동물은 우리 모두가 서로 얼마나 이어져 있는지도, 서로가 꼭 필요한 존재라는 사실도 일깨워 줍니다.

잊기 쉬운 사실이지만, 우리 인간도 동물이에요. 인간과 침팬지는 유전적 유사성이 98.5퍼센트나 돼요. 물고기와는 절반가량 같은 유전자를 공유하고 있어요.

## 누가 누구에게 배우는 걸까요?

이 책을 구상하게 된 계기는 어느 고양이와의 만남이었어요. 우리 집에 불쑥 나타나 머무르면서 자신이 원하는 것을 정확히 알려 준 그 녀석 덕분이죠. 고양이는 먹을거리와 물, 놀이와 포옹을 요구했답니다. 자기가 언제든지 드나들 수 있게 고양이용 출입문도 만들어 달라고 했지요. 이 책을 쓰는 동안 어쩌면 동물이 인간을 길들였는지도 모른다는 생각이 불현듯 들었습니다. 고양이는 어떻게 토닥이고 긁어 줘야 하는지, 어떤 음식을 주고 어떻게 보살펴 주기를 원하는지 우리에게 알려 주었거든요. 고양이 덕분에 우리는 더 자주 즐거운 시간을 보내고 푹 쉬는 법을 익힐 수 있었어요. 그리고 아침마다 일어나기 전에 아주 시원하게 스트레칭을 하는 습관도 들이게 되었지요.

# 참고 문헌

### 이야기 출처
메트로, 스카이 뉴스와 데일리 메일(딕비와 헬레나)

채널 5와 내셔널 지오그래픽(룰루와 조 앤)

타임지와 TEDx(시기와 트래비스)

데일리 메일(닝 농과 앰버)

내셔널 지오그래픽과 더 텔레그래프(밀라와 양 윈)

고고학 탐지견 파벨이 훈련을 받은 매력적인 장소를 더 알아보고 싶다면 인터넷에서 '산드뷔 보리(Sandby Borg)'를 검색해 보세요.

15쪽에 그림으로 등장한 산악 구조견 헨리는 반려인 이안 번버리와 함께 캐나다 휘슬러산에서 활약하고 있답니다.

비둘기 미사일과 박쥐 폭탄에 대해 더 알아보고 싶다면 인터넷에서 '프로젝트 피전(Project Pigeon)'과 '프로젝트 엑스레이(Project X-Ray)'를 검색해 보세요.

### 추천 도서
데이비드 애튼버러, 《생명의 위대한 역사》

프레드리크 모베리, 《기발한 행성》(국내 미출간)

데이비드 도사, 《고양이 오스카》(절판)

보이치에흐 그라이코브스키, 피오트르 소하, 《꿀벌》

데즈먼드 모리스, 《원숭이》(국내 미출간)

원숭이를 착취하지 않은 코코넛을 사고 싶다면, 가게나 여러 생산자에게 물어보세요.

이 책은 인간이 배부르고 따뜻이 지낼 수 있게 도와준 모든 동물을 다루지는 않았습니다.
그중 몇몇 동물에게 대표로 감사 인사를 하고자 합니다.
소, 양, 염소, 닭에게 감사드립니다!

그리고 우리 고양이, 헨닝 호칸손, 야코브 베겔리우스, 소피 발룰브, 스벤 뷔로,
소피아 란데스, 훈덴스 휘스의 레나 안데르손, 요나스 발스트룀과 스칸센 아쿠아리움,
비영리 단체 헬핑 핸즈 몽키 헬퍼즈에도 감사 인사를 드립니다.